Boka på nätet

–

Framgångsrik onlinebokning

Utdrag från Klinikpodden med
Jesper Brännmark
Johan Starre

ISBN: 1500137383
ISBN-13: 978-1500137380

FÖRORD

Under våren 2014 släppte Jesper och Johan sin podcast: Klinikpodden. Det är en podcast med ett avsnitt varje vecka som tar upp viktiga ämnen för att du ska lyckas bättre med din mottagning, klinik eller salong.

Några av de ämnen vi har tagit upp har känts extra viktiga för oss, onlinebokning är ett av flera. Därför bestämde vi oss för att ge ut transkriberingen av podcastavsnittet som en bok.

Vi hoppas att du genom vissa idéer, tricks och tips i den här boken kan göra din onlinebokning ännu bättre. Eller kanske du står och funderar om du ska ha onlinebokning eller inte? Du kanske står och funderar vilken leverantör du ska välja.

Det är inte varje dag man använder ett förord till att sammanfatta… men det här är en snabb sammanfattning av vad vi tycker är viktigt: (titta på nästa sida)

- Onlinebokning är helt grundläggande för alla verksamheter idag
- Kunden hittar till dig från flera olika håll; hemsida, Facebook, mobil, söksidor, marknadsplatser
- Det är viktigt att synas på många olika ställen för maximal effekt (inte bara ett ställe)

- Se till att kunden snabbt ser lediga tider hos dig
- Visa så få tjänster som möjligt och döp dom inte till saker som kunden inte förstår
- Visa lagom mycket lediga tider - inte för få - absolut inte för många
- Gör det enkelt för kunden att boka - hindra dom så lite som möjligt

- Din kund ska ha en relation med dig - inte med din bokningstjänst
- Konkurrera med kvalitet - inte med pris, och välj inte onlinebokning som försöker få dig att dumpa dina priser

- Du hittar klinikpodden även på iTunes och www.klinikpodden.se

INNEHÅLL

INTRODUKTION

Hej och välkomna till klinikpodden, Jesper och Johans podcast.

Och vilka var Johan och Jesper?

Ja det är dags att fråga sig det, nu har det ju gått ett par avsnitt utan att vi har pratat om oss.

Ja, och vem är Jesper?

Jesper är, ja, vad är inte Jesper? Den korta historien i det här är att jag jobbar med att sälja mjukvara till kliniker, mottagningar, salonger för och att domdera höll jag på att säga men och styra deras vardag vad det gäller journalföring och kundregister, marknadsföring och även onlinebokning som vi kommer gå in på nu och en hel appmarknad egentligen.

Pluggat mycket inom manuell medicin på olika sätt och vis. Inte så värst kliniskt verksam, har en bok bakom mig som vi gick igenom i avsnitt 4 tror jag det var av klinikpodden. Vem är Johan då?

Och för de av er som tittar på hemsidan så är Jesper den blonda killen, utan skägg. Själv är jag inte blond, nej faktiskt inte, jag går som silverfärgad får man väl säga då. Gå som de här alfahannen i gorillavärlden. Är naprapat, har jobbat som naprapat i 35 år drygt. Slutade jobba för 5 år sedan och har egentligen de sista 25-30 åren paralellt med naprapatjobbet hållt på med utbildning och utbilda och vidareutbilda framför allt de flesta massörer och många naprapater, så det kan man väl säga är min bakgrund.

Och vad vill vi egentligen med klinikpodden då Johan?

I grund så är det ju att vi tycker det här jobbet är så fantastiskt kul, men vi vet också vilka problem man står inför. Man kan väl säga att vi har gjort alla fel man kan göra under våra år. Vi har en ambition om att kanske dels komma med lite tips och råd om att inte falla i vissa fällor och vissa saker måste man kanske få göra i alla fall men så mycket råd och tips som möjligt för att på ett bra och enkelt sätt växa i sin klinik och klara sig.

Absolut, och de felen vi inte har gjort kommer vi intervjua folk om som gör. Så du får höra alla fel. Du får också höra ganska mycket rätt och hur man kan göra det bättre.

BOKA TID PÅ NÄTET

Och idag ska vi ta upp någonting som är relativt nytt och det är det begreppet vi kallar för onlinebokning.

Det är ju inte mer än 8-10 år sedan som man på allvar kunde boka tider som inte byggde på att det satt en telefonist eller en öppen telefon eller en telefonsvarare och det här har ju kan man säga egentligen under de 2-3 sista åren exploderat.

Absolut, så onlinebokning i sig själv det är att en kund till en frisör eller en massör eller en naprapat eller en tandläkare går in på en sida på nätet och där bokar sin tid i motsats till att de tidigare har ringt till mottagningen eller salongen eller praktiken eller vad vi vill kalla det för och där bokat sin tid, eller hur?

Ja, och som sagt, det innebär lite grann på ett sätt, fördelen är ju att helt plötsligt så blir din klinikbok eller din tidsbok öppen dygnet runt. Man kan ju fundera lite grann på vad har de gjort för förändringar?
Jo, den stora förändringen är att din bokning kan skötas helt automatiskt. Du kan ägna dig åt det som du ska göra, det vill säga göra bra behandlingar och göra bra avtryck.
Så hur vanligt skulle du säga Jesper?

BOKA PÅ NÄTET ÄR
VÄLDIGT VANLIGT

Jag säljer ju en programvara som som finns i både en gratisvariant och en premiumvariant och mina största kunder har ju varit såna där onlinebokning, det är helt otänkbart för att det är fråga om hem där man är inlagda eller man har boenderum men på något sätt så är en remiss från ett landsting till ett annat. Här går det inte att ha en onlinebokning. Men det jag såg var att september 2012 så gick onlinebokning om att man bokade direkt på kliniken vid förstagångsbesök, och vad det betyder är att nybesök/nya kunder så blir det vanligare att de bokar online än att de ringde och bokade för lite drygt 2 år sedan i mitt system. Och i det systemet så är det fortfarande de stora bokningsvolymerna är ifrån såna där onlinebokning inte är tänkbart. Det betyder i sin tur att det är superviktigt med onlinebokning.

Om jag går till mig själv, jag har valt att inte gå till en tandläkare, jag gick till en annan för de hade onlinebokning. För mig skulle det vara otänkbart att ringa en mottagning och boka en tid faktiskt.

De flesta av oss har väl suttit i telefonkö 10 minuter och 15 minuter för att komma fram och boka en tid eller boka av en tid vilket tycker jag är precis lika viktigt.

ALLTID ÖPPET

Vet man någonting om när folk bokar?

Det där är lite olika men man ser ju framför allt att det är såna tider då man normalt sett inte kan ta emot de ändå. Jag ser att det trillar in en hel del bokningar mellan 12 och 1 på natten, speciellt måndagsnätter och söndagsnätter. Så det är ofta såna tider då man själv inte har öppet och inte vill ta telefonen.

Och man är också framme om att det går från kundens perspektiv så kommer behovet av att boka en tid när man upptäcker att problemet, just nu kan jag inte sova för att jag har ont i ryggen och då vill jag hitta en tid.

Jag gjorde också på skoj en koll i veckan, jag satt och tittade, vi hade en genomgång när det gäller vårdval och de här nya systemen som kommer, så jag tittade lite grann på upphandlingarna som ligger ute när det gäller massagetjänster eller olika behandlingstjänster och ett krav som är genomgående på alla och det är att man har en webbaserad onlinebokning. Det är kraven från landstinget när det gäller upphandlingar att det finns.

TIDSEFFEKTIVITET

Absolut, och Sverige har varit väldigt tidiga med onlinebokning, nu blir det ett sidospår här men jag vill dra en liten historia från nu när jag nyligen var i Holland sist, där var det 4 av de mottagningar som jag har som kunder som som samma vecka drog igång onlinebokning utan att jag sa någonting men alla de där 4 sa från början att det där kommer vi aldrig någonsin att syssla med. Vi är en medicinsk verksamhet och sånt är inte seriöst, sånt gör inte vi här och de drog alla 4 av dem igång samma vecka med det fast att de hade sagt så.

Men det var en som inte hade dragit igång med det och jag stod i receptionen just då och de höll på att göra en uppgradering så att jag hjälpte dem och det ringer in en kund till mottagningen, till receptionen, det är en lång kö av folk som ska checkas in och de börjar med att fråga "vad heter du?" och börjar mata in personuppgifter, "vad har du för adress?" och matar in adress och "vad har du för försäkringsbolag?" och så matar de in försäkringsbolag, "vad har du för personnummer och vad har du för försäkringsnummer och vad har du för BSN-nummer som man använder där?"

Jättemycket uppgifter, kön blir bara längre och längre och längre och längre. När de matat in de här uppgifterna som tog säkert 5-6 minuter men det kändes som 50 så ska de leta efter ny tid och så säger de att vi har en tid på onsdag? nej den vill jag inte ha och sen så lägger de på luren och går till någon annan.

Så här är en annan grej som ni kan se med onlinebokning, alla de här grejerna med att ta personuppgifter och hantera ett kundregister kan bli otroligt mycket enklare med onlinebokning där kunderna själva kan skriva in adress, kanske kan göra det efter man har hittat tiden.

ONLINEBOKNING ÄR VANLIGARE ÄN ATT RINGA OCH BOKA TID

Nu pratar vi september 2012 sa du så gick förstagångsbokningen om övrig bokning i systemet. Sen har vi ju alla återkommande besök, alla återbesök och kallelser var dag. Vilka vägar bokar folk idag? Vad har man för vägar liksom?

Återbesöken är fortfarande vanligast att man tar på plats. Det tycker jag att man ska göra i en sund kund, att man inte bara släpper kunden utan man tar ansvar för kunden och har en fortsatt plan för hur saker och ting ska ske.

Det upplevde jag ibland, patienter som sa, jag behöver en tid på onsdag men jag har inte kalendern med mig.

Så att ha en backup det vill säga att okej du bokar in dig på nätet, jag kollar av dig så att jag ser att du har bokat eller att du har fått en tid.

Det finns en funktion i de flesta seriösa system där man kan mata in ett påminnelsedatum och vad det betyder är att, såg då att säg att du inte har din kalender med dig, jag ringer eller jag bokar online, då kan du sätta ett påminnelsedatum två dagar från nu vilket betyder att om de inte har bokat en tid 2 dagar från nu så får de ett mail med en snäll liten påminnelse om att de ska boka en tid eller så dyker det upp på din skärm så att du kan ta tag i det och inte bara tappar den här kunden utan att du fortsätter att ta ansvar för den.

Jesper Brännmark, Johan Starre

OLIKA SÄTT ATT BOKA PÅ

Det är en väg att vi tar och bokar direkt vid tillfället du och
jag, att vi hittar en tid framöver. Det kan faktiskt också
som vi sa, gå in via en hemsida och där klicka på boka. Vi
kommer gå igenom vad jag och Johan tycker är viktigt med
just den här hemsidesbokningen, hur man kan få den
riktigt bra kommer vi gå igenom alldeles strax. Man kan
också göra så att man ringer och du vidarekopplas till en
telefonist.

TELEFONIST

Ja för telefonisttjänster är relativt prisvärt idag att köpa.

Verkligen, jag menar om du får 500 kronor för en kund och om du inte kan svara i telefonen så innebär det att du har förlorat 500 kronor, men om dem tar samtalet så innebär det att du fortfarande får 475 kronor eller vad det nu kan vara. Så det är en bra deal. Det kan också vara så att kunderna bokar via Facebook.

Just det och det är något som är relativt nytt.

FACEBOOK

Nja, vi har i vårt system haft Facebook-app i 4 år nu och de har också de flesta större system att man kan boka via Facebook. Vi vet att genomsnittskunden är på Facebook i genomsnitt 55 minuter om dagen. Jag vet att den internettrafik som genereras på Facebook är större än internettrafiken på Google. Det tänker man inte på.

Det är också mycket lättare att ha annonser på Facebook än på Google. Vi kommer ha ett helt separat avsnitt om Facebook och social proof och hela den biten men och kunna boka på Facebook, vi la in en app där för vi märkte att det går inte att säga att nu finns det lediga tider, klicka här för att boka och sen så gick man över på deras hemsida eller nån annan bokning, dem uteblev, det var ingen som ville boka då längre för att man hade den där tryggheten av att vara på Facebook och man vill fortsätta vara där.

MOBILTELEFON

Och den andra vägen är väl att göra det via sin mobil.

Mobilen är större och större, nu är det 25% ungefär som bokar via mobilen och man behöver ha en bokning som gärna är mobilanpassad då så att man inte behöver hålla på att zooma och scrolla och så utan att man ser det på en gång.

Återigen, det ska vara lätt i andra fall så slutar jag.

Vi kommer komma tillbaka till enkelheten och principerna bakom det. Vi kan också se att det finns speciella integrationer, till exempel försäkringsbolagen bokar via vissa bokningssystem och där gäller det att man har en koppling så att man inte behöver ha flera olika register utan att de synkas.

MARKNADSPLATSER

Precis, och det finns ju marknadsföringstjänster av olika slag, olika hemsidor som säljer tider.

Ja både säljer och erbjuder, det blir mer och mer vanligt det är ju helt klart. Jag ser en helt ny våg, vi hade en intervju i ett avsnitt med Amir från Bokavård som jag tyckte var jätteintressant och deras enda tjänst är att de visar tider utåt och driver folk till era mottagningar genom annonser på Aftonbladet och Blocket och även tv-reklam och det ser man fungerar. Det krävs en otrolig budget för att göra det däremot och ha såna marknadsplatser. Men de funkar, och likadant så finns det marknadsplatser som är gratis på sätt och vis, som kan vara allting från olika förbund till branschråd, till såna saker där man kan vara med.

ANDRA MOTTAGNINGAR SKICKAR VIDARE

Som vi har sett och också jobbar lite grann för, det att få bokningar via andra vårdgivare, att börja nätverka med andra. Otroligt viktigt för då har du ytterligare en väg in för patienter och du kommer dessutom på rekommendation av någon annan som har gjort något vldigt bra. Det innebär att tyngden i rekommendationen lyfter dig ännu högre än vad du kanske kan få i någon annons.

Ja, så vad det betyder är ju att en kiropraktor kan skicka vidare till en personlig tränare, och den personliga tränaren kan skicka vidare till en massör, och en massör kan skicka vidare till en läkare och en naprapat där kunden inte har råd att gå kan skicka över till en annan naprapat eller sjukgymnast som har landstingsavtal.

Så där har vi lite grann idén. Det är ju därför man vill ha en onlinebokning.

Det finns ju dem, det kan man höra ibland som säger att nej jag vill inte lägga upp för jag vill inte visa vilka tider jag har ledigt.

Ska man tänka på någonting? Jag menar att antingen så lägger man upp allt man har eller så lägger man upp delar.

BRA FÖR BÅDE MOTTAGNINGEN OCH KUNDEN

Vi kommer gå in lite på hur man ska presentera tider mer men det är bra att ha några tider upplagda i alla fall, även om man inte har alla tider. En annan grej, kan ju vara att man kan presentera tiderna och säga att man måste ringa för speciellt med äldre människor så hör jag ofta från mottagningar som säger att de ringde och bokade, men de hade varit inne på hemsidan och kollat att det fanns en tid klockan 14.

Jag vet själv hur det var när jag skulle hitta en kiropraktor för 20 år sedan. Man ringde och den kunde inte och man ringde en annan och den kunde inte. Den var ju sur för den var tvungen att ta telefonen samtidigt som den hade en annan patient.

Fick 3-4 samtal under tiden, det är klart att det är en påfrestande situation så då går folk upp på hemsidan och okej det finns en tid imorgon klockan 14 och det passar mig så jag ringer för jag vill ha den där mänskliga kontakten. Så det är inte fel att man kräver att de ringer, det är inget fel med det men presentera tiderna så att de vet att de ringer rätt och då slipper du få samtal som du ändå inte kan ta.

Så vi hoppas att den här första delen gör att du förstår vikten av att du är bokningsbar online.

VIKTIGT ATT FINNAS PÅ FLERA OLIKA STÄLLEN - INTE BARA ETT

Ja, också inte bara det utan att man är det på flera ställen. Vi brukar ju ofta prata om det där att 1+1=33 och det är verkligen så att det är så pass mycket på nätet och vanligaste stället är fortfarande via din hemsida men att man syns på fler olika ställen och att man för densakens skull inte har flera olika system.

Just det, för det är också en fara för har jag olika tjänster som bokar tider åt mig i olika kalendrar och det hoppas jag att alla förstår, det blir ju kris rätt snabbt. För så gjorde vi ju lite när det gäller Clinicbuddy att vi gick ju ut och försökte hitta ett samarbete med alla som förmedlar den här typen av tjänster för att underlätta, låt oss hellre utnyttja samma kalender, fast det finns olika vägar än vår kalender.

Jag tror det är 9 olika bokningssystem som synkar kalender så att man kan vara i vilken som helst av de 9 olika.

Och fortfarande se de lediga tiderna.

Ja, så bokar någon i kalender 1 så försvinner de i kalender 2, 3, 4, 5, och bokar någon i kalender 5 så försvinner de andra så tillsammans så blir man stark där. Det går inte längre att stå och slåss om att man ska isolera kunder längre utan det ska vara, en onlinebokning ska vara flera vägar in för att vara effektiv och det är så nätet fungerar idag.

Och om man nu tänker sig att jag lägger upp det här nu då, vad vill jag att patienten gör när de bokar din tid?

FUSKBOKNINGAR

Hur vet jag att det är rätt person, att det inte är någon som fejkar en tid så att jag står med Kalle Anka på 8 behandlingar imorgon.

Det där är faktiskt ganska intressant att, jag har ju hållt på med det här i 8 år nu, onlinebokning i kanske 6-7 år och hela den resan började som alltid i mitt fall att jag gick ut och hörde med alla de aktörer som fanns på marknaden, vilka var intresserade av att samarbeta. Till slut så just med onlinebokningen blev det så att vi var tvungna att göra vår egen grundfunktion för att då var väldigt få öppna för samarbeten och de som var hade inte tillräckligt bra produkter. Så nu är det en helt annan tid och folk är mer öppna för samarbeten och produkterna är bättre. Men jag trodde att det skulle vara väldigt mycket fuskbokningar och många trodde det men det har under åren visat sig att det är otroligt få fuskbokningar och sen så har ju vi naturligtvis system som försöker fånga upp det och där man kan blockera en speciell dator eller ett speciellt Facebookkonto eller en kund eller ett speciellt land om man skulle vilja det så att det finns system för det här som man både kan använda individuellt på en mottagning eller regionalt i hela systemet.

Och det är klart att råkar jag ut för en Kalle Anka-bokning så kontaktar man support och säger att den här patienten dök aldrig upp och när jag ringer nu så finns det ingen med det telefonnumret eller med det namnet så, så loggas väl sådant där bakåt.

SÄKERHET KONTRA FLEXIBILITET

Och här ska man också tänka att för en bokning ska vara effektiv så behöver den vara enkel som du sa och ju svårare man gör det desto mindre bokningar kommer man att få. Jag har sett vissa bokningssystem där man måste logga in med sitt bank-ID. Det är jättebra för man har en hög säkerhet men en väldigt låg flexibilitet. Så då ska man upp med sin bankdosa och så tar det 5-6 minuter och så får man ett sms och hela principen är det inget fel på förutom att det blir väldigt svårt att boka. Så det går att lägga in såna här extra kontrollmoment men man kommer att få färre bokningar.

Så enkelhet när det gäller bokning. Och hur långt vill jag att patienten så att säga beskriver sig själv?

Vilka uppgifter vill jag att de ska lämna och vilka uppgifter måste de lämna för att det ska vara säkert?

Det där är ju olika från verksamhet till verksamhet skulle jag säga. Det beror på vad man har för tolerans, som i storstäder är toleransen lägre än på landsbygden. Jag kan bara dra ett exempel på när vi hade krav på att man hade lösenord för att starta konto var det ett krav på 6 tecken i lösenordet vilket är någon slags grundstandard att det ska vara 6 tecken eller mer för att vara ett säkert lösenord. Då såg vi att det var många som stannade upp på just det steget och så fort som vi sänkte kravet till att det bara skulle vara ett tecken i lösenordet eller mer då ökade antalet bokningar med 10 % direkt.

Återigen, för enkelheten.

För enkelheten, nu har inte jag gjort någon djupanalys på varför men jag skulle tro att det är ett storstadsfenomen och att många matade in sina 4 bokstäver eller siffror och fick ett felmeddelande och det nederlaget var tillräckligt för att de gick någon annanstans.

PERSONNUMMER

Folk är lite rädda för de 4 sista siffrorna i sitt personnummer.

MM, och det är ju också olika från verksamhet till verksamhet, om du har mer en medicinsk verksamhet så kanske du måste ha det och det kanske också är en sån första sållning så att du ser att du får folk som har ett riktigt personnummer, att om de fejkar så fejkar de med ett personnummer som inte är helt fejk utan att det finns ett. Så det finns vissa såna saker.

Men det är klart, jag kan ju förstå om det är nu någon helt okänd person som bokar, jag vill ha ett namn, jag vill ha ett telefonnummer, jag vill gärna ha en mailadress, bara någonting som gör att jag åtminstone får jobba ett tag för att upptäcka att kalle anka varit igång.

BOKNINGSSYSTEMET KAN FYLLA FLERA FUNKTIONER

Om man tänker att man ska använda samma system för bokning som för betalning, då vill man ju gärna kunna identifiera kunden, det vill säga namn och adress eller namn och personnummer. Man måste känna in sin egen verksamhet, men gör det lagom svårt och inte fråga om hela livshistorien före man gjort bokningen.

Och man kan självklart ha genvägar, man kan låta folk logga in med sitt Facebookkonto eller något annat.

Ja, inlogg med Facebook blir vanligare och vanligare, jag använder nästan bara såna sidor just nu.

Det betyder ju att man inte behöver hålla koll på massa lösenord och inte behöver skriva in sina uppgifter om och om igen. Vi har gått igenom vilka vägar man har in och vi kanske ska ta och titta på det här när man kommer från hemsidan. Så någon går in på din hemsida.

För det är ju fortfarande den vanligaste vägen, eller hur? Det är på klinikens hemsida som jag också har bokningen. Och jag kan ha den som en knapp, jag kan ha den som ett fönster som visar mina tider så att jag kan dels få dem att stanna kvar där och jag kan få dem att gå vidare till en annan sida eller en annan.

Det finns ju 100 000 olika lösningar här.

Ska det vara enkelt och snabbt eller vad är trenden?

FÅ EN EFFEKTIV HEMSIDA

En bokning ska helst synas från förstasidan, på så vis att om jag har en blå hemsida, sätt in en röd knapp. Röd kanske är avskräckande men sätt en komplementfärg eller något som verkligen syns. Du ska tänka på att om någon sökt upp din hemsida, det är säkert att det finns ett par hemmafruar som har tråkigt och din mamma och din pappa som letar efter din hemsida men annars så är det så att de har bestämt sig, jag behöver en massage eller jag behöver en naprapat och de har hittat din sida så att då har du högt motiverade kunder som kommer in. Förhindra så lite som möjligt för dem att boka.

Och säger man inte att i snitt är man inne på en hemsida under en minut.

Jag är inte säker på den siffran men det låter högst troligt.

Det innebär att du får inte gömma den här bokningen på allt för många baksidor. Förstasidan och tydligt eller stora bokstäver BOKA HÄR och då kommer du egentligen rakt till en kalender där jag kan se lediga tider, där jag kan välja utifrån ett antal tjänster.

Här har man ju ett val, det finns ju flera olika bokningssystem, finns en mängd, och en del gör så att de börjar fråga om kunduppgifter, inloggning. Där hade jag själv backat ur men många av de här systemen är väldigt framgångsrika.

Du skulle hellre vilja visa tider. Nu bokar jag en tid imorgon klockan 9, nu talar jag om vem jag är.

VISA BOKNINGSBARA TIDER SNABBT

Hellre att man ser tider utan att scrolla, utan att göra någonting så snabbt som möjligt. Ju snabbare man ser att det finns tider desto snabbare får man in i sitt huvud att här finns det tider, här finns det något för mig att göra, här kan jag boka. Det är så jag tänker i alla fall. Och när vi får upp den här sidan med tider, själv så tänker jag så här att där vill jag gärna se att jag som massör eller jag som naprapat eller jag som kiropraktor eller sjukgymnast eller läkare de ska ju ha en relation med er. Så att layouten på de här tiderna är ju bra om den överensstämmer med resten av din grafiska profil och din hemsida.

Du ska inte marknadsföra någon annan tjänst. Du ska ju marknadsföra dig. Det är ju dig kunden ska ha en relation med. Så jag kan tycka att det är viktigt att man försöker matcha sin egen stil så långt som det går i de här bokningstjänsterna. En bra bokningstjänst har ju ingen relation med din kund utan den är ju anonym. Den har ju en relation med dig och du har en relation med din kund.

När jag nu är där, jag ser min tid, jag bokar min tid, jag kan välja tjänst för i de flesta fall kan jag ju välja olika typer av behandlingar. Jag köper inte bara tid utan jag köper en behandling.

ERBJUD INTE FÖR MYCKET OCH/ELLER FÖR KRÅNGLIGT

Och där kommer vi in på några intressanta saker, dels att välja tjänst. Man kan ju välja som massör och presentera 47 olika sorter. Hot stone och massage och klassisk massage, massage på stol och massage liggande och massage stående och massage springande och

Med olja, utan olja.

Fötter och händer och ansikte och utan olja låter.

Ja det går, men det är jobbigt.

Och säg att alla dem där är en timme, varför slår vi inte ihop dem till en tjänst.

Just för att inte ha för många val som gör att jag inte väljer något.

Hade jag kommit in på en sida som hade mer än vad ska man säga som grundregel.

Jag tror egentligen att de behandlingar eller de tjänster som man ska presentera ska vara avgränsbara, man ska förstå utifrån den här lilla texten naprapat nybesök.

Det förstår jag.

Naprapat återbesök. Massage nybesök, 30 minuter avslappnande massage. Det får inte vara för svårt.

Jag har sett exempel när du är inne på naprapati där det står naprapati lång och naprapati kort.

Ja just det, det beror på längden på terapeuten.

Precis, vill du ha en lång naprapat.

Jag är nämligen väldigt kort.

Likadant att det står naprapat nybesök 30 minuter och naprapat nybesök 60 minute och det står ingen förklaring till vad man ska ha det ena eller det andra.

Nej och då får jag ett dilemma och sitter jag för länge och väntar så är det stor chans att jag avbryter.

Jag skulle tveka, där hade jag själv känt att där hade jag inte kunnat göra så mycket. Om man har 10 tjänster som är samma tid, samma pris och ungefär samma sak, slå ihop dem till en. Ju färre tjänster du har, desto mer konkret och enkelt blir det för kunden att boka. Det är sällan som någon kan fatta beslut om exakt vad de ska ha.

Vi har ju ofta låst behandlingarna till en tid och det kan jag ju tycka är fel för att jag kan ju inte förutsätta eller det är ju väldigt svårt. Ett nybesök kan ta en timme, nybesök kan ta 30 minuter.

Vad ska ni göra sen då de andra 30 minuterna?

Problemet är ju fortfarande att lösa ett problem och komma fram till en lösning och komma igång med en behandling.

Först och främst, ha så få tjänster som möjligt, det blir enklare för kunden och ha saker som kunden förstår. Ska man på en hudbehandling, de ska inte behöva ett lexikon för att förstå vad det handlar om utan ha en klassisk ansiktsbehandling. Efter den kan man fatta beslut om mer avancerade saker.

Ja, och det kan vara tilläggstjänster som kommer sen när ni ses och är på plats. Något annat, jag kan ju tänka mig jag menar nu är vi ju på väg in, vi håller på och bokar, vi väljer mellan ett antal få tjänster. Jag har kanske att välja mellan en eller två utövare ibland.

Ja och ibland kan det vara att du väljer vilken som helst av dem.

Och då kanske systemet ska välja.

PRIS SOM AVGÖRANDE FAKTOR

Vi har gjort så att vi prioriterar den som haft lägst bokningar, alltså lägst beläggning tidigare för att försöka jämna ut det. Jag tänker också tillbaka här när man väljer tjänst. Jag kan tycka att vissa vill presentera pris, och pris när man kommer till att välja att boka ska inte behöva vara en avgörande faktor just där utan jag har hellre en separat sida för pris. Här bokar man och pris kan man prata någon annanstans för att det finns en fara med prisjämföring och prisdumpning. Och likadant tid. Som Johan sa, det är ett nybesök, sen om det tar en helvtimme, 45 minuter eller 60 minuter det spelar mindre roll.

Men du behöver i regel avsätta tid så att du kommer att klara av det.

Oh ja, oh ja, men det betyder att när man får upp tider så kanske man behöver bara skriva att det här är ett nybesök, det här är ett nybesök måndag klockan 14.30 finns, inte att det är måndag 14.30 till 15.30, man kanske inte behöver skriva sluttiden där. Det kan man ju själv välja hur man vill ha det men det är inte alltid bra att skriva sluttiderna.

Något annat som jag tänker på när man lägger upp tider, antingen så kan jag tänka mig att man lääger upp dem här i börjar klockan 8-12 och sen har jag en mellan 13.30-17. Kan systemet välja eller är allting fritt däremellan?

LAGOM MÄNGD TILLGÄNGLIGA TIDER

Ja man har ju sett vissa som har 55 lediga tider på en dag och det är precis som en tom restaurang. Du är ute och går på en gata, du ser två restauranger, den ena på ena sidan där du har en lysrörsbelysning och det står en tanig ägare och stirrar ut och nästan tigger om att du ska gå in och det sitter inte någon där.

Och på andra sidan finns där en fin italiensk restaurang. Mysig, levande ljus, lagom med folk, lite levande musik.

Vilken väljer man?

Den andra, italienaren.

Man kanske är sugen på den där lysrörsbelysningen. Men det är ju så att där vi ser att det blir störst effekt det är någonstans där man presenterar någonstans 4-6 tider, det innebär att alla kan få en tid men kanske inte exakt på minuten. Du vill ju inte presentera 10.00, 10.05, 10.15, så det innebär att du kommer få jättemånga konstiga raster och kunden kommer få förvirrande val. Så någonstans 4 till 6 tider skulle jag säga är optimalt på en dag att få ut. Och jag gillar ju det som heter klusterbokning.

KLUSTERBOKNING

Vad står kluster för?

Det innebär att när du kommer in som kund så kommer det vara någon före dig och det kommer vara någon efter dig. Alltså istället för att boka kunder så som kunder vill om man vill vara flexibel så bokar man kunder efter varandra. Så att 8 kommer en, 8.30 kommer nästa, 9 kommer nästa, 9.30 kommer nästa så att de kommer efter varandra. Det ger alltid en känsla av att det här är en välbesökt restaurang som var mitt tidigare exempel eller en välbesökt verksamhet för här är det folk, hit vill folk och då vill man tillbaka.

Det är så, man vill inte komma in i det ensamma väntrummet.

Nej precis som att man på hemsidan inte ska visa bilder på en tom lokal. Man ska visa bilder på folk som är där som folk kan identifiera sig med. Samma sak där, man vill ha en känsla av att det finns folk före och efter.

Så även om det känns att man ger mindre flexibilitet till kunden, att de inte kan välja exakt vilken minut de vill komma så kommer man få mer kunder när man klusterbokar och man kommer få det lättare att jobba också.

Åtminstone hyfsat sammanhängande arbetstid.

Ja så 4 till 6 tider någonstans, så få tjänster som möjligt, håll det enkelt, ge en levande bild av verksamheten.

Det är väl de grundtipsen som jag kan ge där.

Kan man titta på andra tilläggstjänster, vad kan man liksom, kan man begära mer av det här bokningssystemet?

Nu har vi öppnat upp det, vi har låtit folk gå in via nätet eller Facebook eller vilken väg de nu har gått, de har bokat en tid.

Jesper Brännmark, Johan Starre

BOKA FLERA TJÄNSTER OCH FLERA PERSONER

Här beror ju helt på vad man har för verksamhet. Så jag kan ta ett exempel från verkliga livet där min flickvän försökte boka massage, pedikyr och manikyr för 3 personer. Hon ringde upp en av de större spa:na i Stockholm. Först så gick hon in på hemsidan och försökte boka.

Efter en halvtimme så blev hon förbannad och sa åt mig att kan inte du göra det? Jag sa att självklart kan jag göra det, det är ju enkelt.

Efter en halvtimme blev jag förbannad och då ringde hon upp spa:t, satt 20 minuter i telefon och det slutade med, och det här är ett väldigt stort spa, hoppas de lyssnar, att dem till slut slängde på luren för de kunde inte göra den här bokningen.

De försökte och försökte och försökte men det lyckades inte. Så har man ett sånt system där man till exempel har att det är fem tjejer som ska komma in och få massage och pedikyr så ska man kunna ha ett system som automatiskt kan generera såna tider så det kan vara att man har mer avancerade krav.

Då ska man naturligtvis ta och tänka in det.

Det finns också något som heter Google Analytics där man kan följa folk inne på en sida och det är bra att kunna ha det över i bokningssystemet också. Din hemsidesansvarige kommer vilja ha det och där kan man också göra något som heter retargeting.

38

RETARGETING - SISTA STÖTEN I MARKNADSFÖRING

Och retargeting?

Jag tar två minuter här och pratar om retargeting. Retargeting är en funktion hos Google. Google har ett system för att presentera annonser till dig så du har kanske märkt det då du är inne och söker efter en resa, och så bokar du inte den där resan och så hoppar du sen över och tittar på böcker på Amazon eller du är uppe på Youtube och du kanske söker på saker på Google så ser du att det kommer annonser om resor till just det där landet du tittade på och det handlar om att de vill presentera så pass värdefull reklam till dig som möjligt där du befinner dig just nu. De vet att du är på jakt efter att hitta en resa. När du väl slutföljer den där bokningen då kommer annonserna förhoppningsvis att klinga av om det här fungerar på ett bra sätt. Och vad retargeting är att man kan i bokningssystemet säga att nu har någon försökt börja boka hos dig och de har förslkt boka den där massagen men de har inte slutföljt det. Så när de går över på Amazon, när de går över på Youtube så dyker din annons upp, det är vad det är.

Och den är lätt att överflytta i klinikverksamheten.

Ohja, absolut, retargeting är väldigt effektiv marknadsföring. Det kan låta oetiskt men för mig handlar det om att presentera det du vill ha för dig när du vill ha det. Om vi går in på det här med prisdumpning och jag sa att det fanns en fara med att presentera priser. Jag tycker man ska passa sig lite för marknadsplatser och plattformar som presenterar pris som första argument.

Egentligen skulle man kunna säga så här först. Det är klart att på din hemsida som är den vanligaste vägen in för onlinebokning, där ska du ju självklart presentera dina priser.

Det ska finnas en prislista, absolut!

VISSA TJÄNSTER PRISDUMPAR ÅT DIG OAVSETT DU VILL ELLER INTE

Utan vad vi pratar om nu det är gemensamma marknadsplatser där man boostas fram tillsammans med andra och där man kanske jämförs utifrån priset.

Det kan ju vara så att någon vill boka en massage hos dig, kommer över ett bokningssystem där risken är att de bokas över hos någon annan än dig för att den andra har ett lägre pris i närheten.

Och då har du liksom både haft en kund som ville boka hos dig, de tappade bort sig på vägen, de hamnade hos din kollega vilket innebär att du egentligen har betalt för att de ska gå till någon annan.

Ja, så prisdumpning i branschen det har vi sett under många år vad det leder till. Du ska inte konkurrera på pris, det är inte det som kunderna ska dras till dig för utan det är kvalité och naturligtvis så behöver du inte ha överpris men du ska absolut inte ha underpris. Och när du börjar som första argument att här är halva priset, gå hit. Det är inte ens ett bra sätt att starta en verksamhet.

Man kan ju säga att man kan ha den typen i korta perioder när man vill marknadsföra någonting eller man vill sälja tider på tider där jag normalt sett har svårt att täcka, mellan 10-11 eller 10-12 på förmiddagen där folk kanske passar dem till och från jobbet sen har dom några timmar inför lunchen.

Där kan man också göra specialerbjudanden och även speciella tjänster och packa behandlingen på ett annorlunda sätt.

BELÄGGNINGEN ÄR OLIKA VID OLIKA TIDER

De flesta bra bokningssystemen idag kan hantera sånt att de vet att du har lägre beläggning vissa tider och kan föreslå att priset är lite lägre då.

Precis som de här nya taxiapparna som Uber som man kan använda nu för att åka taxi. De vet att när det är behov av mycket taxibilar eller när det är ont om bilar då höjer vi priset lite och vi sänker det när det är lägre så de får mer att göra.

Det blir mer rättvist egentligen. Det är inget fel att konkurrera så, men att konkurrera mot andra och tappa kunder på grund av att någon annan håller på och dumpar priserna det gynnar inte någon av er. Det är inte alls samma sak som till exempel Groupon och sånt som jag pratar om nu, det tror jag har ett stort värde på sitt sätt. Utan det är när man betalar för att vara med på en marknadsplats som egentligen får antingen folk bort från dig eller som får dig att dumpa ditt pris.

Det tycker jag man ska passa sig för.

FÖRSKOTTSBETALNING VID BOKNING

Det finns ju möjligheter idag till ett bokningssystem och så lägga förskottsbetalning.

Mm, ohja!

Är det något som vi precis har börjat se trenderna på eller är det här någonting som kommer försvinna eller liksom är det en tjänst som är bra?

Det är en tjänst som är bra och det har funnits under många många år hos vissa och det är ytterligare ett steg som gör det lite svårare för kunden så man får ju se, vill man ha in mer kunder då sänker man tröskeln och då struntar man i förskottsbetalning medans om man har gott med kunder och man vill se till att de kommer istället då är förskottsbetalning jättebra. Så det beror ju helt på vilken sits man är i men förskottsbetalning kan vara absolut någonting, jag tror att det kommer bli mer av det och vi ser att betalsystem i sig självt håller på att uppdateras med Swish som vi pratade om, jag tror vi nämnde det i någon av poddarna eller så kanske det bara är jag som haft det i huvudet. Så att det blir mer och mer av de här mobila betalningarna och hela den biten så att det kommer att bli mer förskottsbetalning.

Vi har snart inte kontanter på det sättet.

Tror jag inte nej och det kan vara ganska skönt att slippa hantera det på en mottagning eller klinik och då vet man också att kunden kommer annars så norpar man den där pengen eller försöker i alla fall och norpa den där pengen.

Så precis, att man kan använda systemet till mer än bara själva bokningen, man kan koppla på andra externa funktioner och använda kundregistret till marknadsföring och kunna hantera registret på ett bra sätt och undvika dubbla kalendrar egentligen.

ATT BYTA TILL ETT ANNAT SYSTEM

Och sen som sagt hoppas man ju att har man tänkt igenom vad man vill använda systemet till och hittat ett bra system, det finns ju en grej, jag menar det kanske kommer ett ännu bättre system om 3 år och då gäller det att på något sätt kunna ta sig ur det gamla och in i det nya. Är det någonting man kan ställa krav på redan nu ska man fråga om hur bär man sig åt, är de här kundregistret, är det verkligen mina kunder.

Absolut, vem äger kunden det är en bra fråga och också jag har sett när folk har exporterat det från andra system, det har kommit saker som varit jättebra som vi har importerat och det har också kommit saker som har varit fullkomligt skräp och det har också varit så att ibland kommer det inte alls så då har de varit tvungen att börja om med ett nytt kundregister från noll. Så kolla gärna upp det här, vad kostar det om jag vill sticka iväg och vad innebär det för mig. Det är lite fult spel kan jag tycka i branschen ibland, det är ändå dina kunder och det är du som ska stå i fokus här.

Och dina kunder ska du kunna ta med dig - så måste det va.

Ja och dem ska du kunna ta över i ett annat, om du vill skicka ett mail, dra över dem i ditt mailsystem eller om du vill göra ett sms-utskick eller du vill ta över dem i någonting annat, då ska du kunna göra det enkelt.

Ska vi sammanfatta vad vi har gått igenom idag.

SAMMANFATTNING

Ja onlinebokningar är här för att stanna. De har växt och det är snart den vanligaste vägen för att boka tid hos dig.

Verkligen, det finns flera vägar in som via hemsida, Facebook, marknadsplatser, mobil, olika integrerade system och andra kliniker.

Ja, att man som sagt köper tjänster av att marknadsföra från alla tänkbara vägar.

1+1=33 det är viktigt att vara på flera ställen och inte bara ett. Att vara på ett ställe det fungerar inte idag utan man ska vara på flera ställen. När man presenterar på hemsidan så se till att det är tydligt och man snabbt kommer in. Presentera tider snabbt.

Och inte för många, inte för många tjänster och väldigt få steg till att boka så att jag inte tappar bort mig på vägen och framför allt inte att jag hamnar någon annanstans.

Exakt! Det är din kund och den ska vara kvar hos dig och det är du som ska ha en relation med kunden.

Så där har vi väl den.

Ja så jag kan bara önska er lycka till med onlinebokningen och hoppas att ni kan ta ytterligare steg med onlinebokningen och anpassa de systemen som ni använder så de blir så bra som det bara går för er själva och kunna nå ut och samarbeta med andra.

Och som sagt att lägga din tid att göra det du är bäst på, ta hand om dina patienter.

Ohja, och kunder. Tack för att ni lyssnade.

Lycka till! Ha det bra.